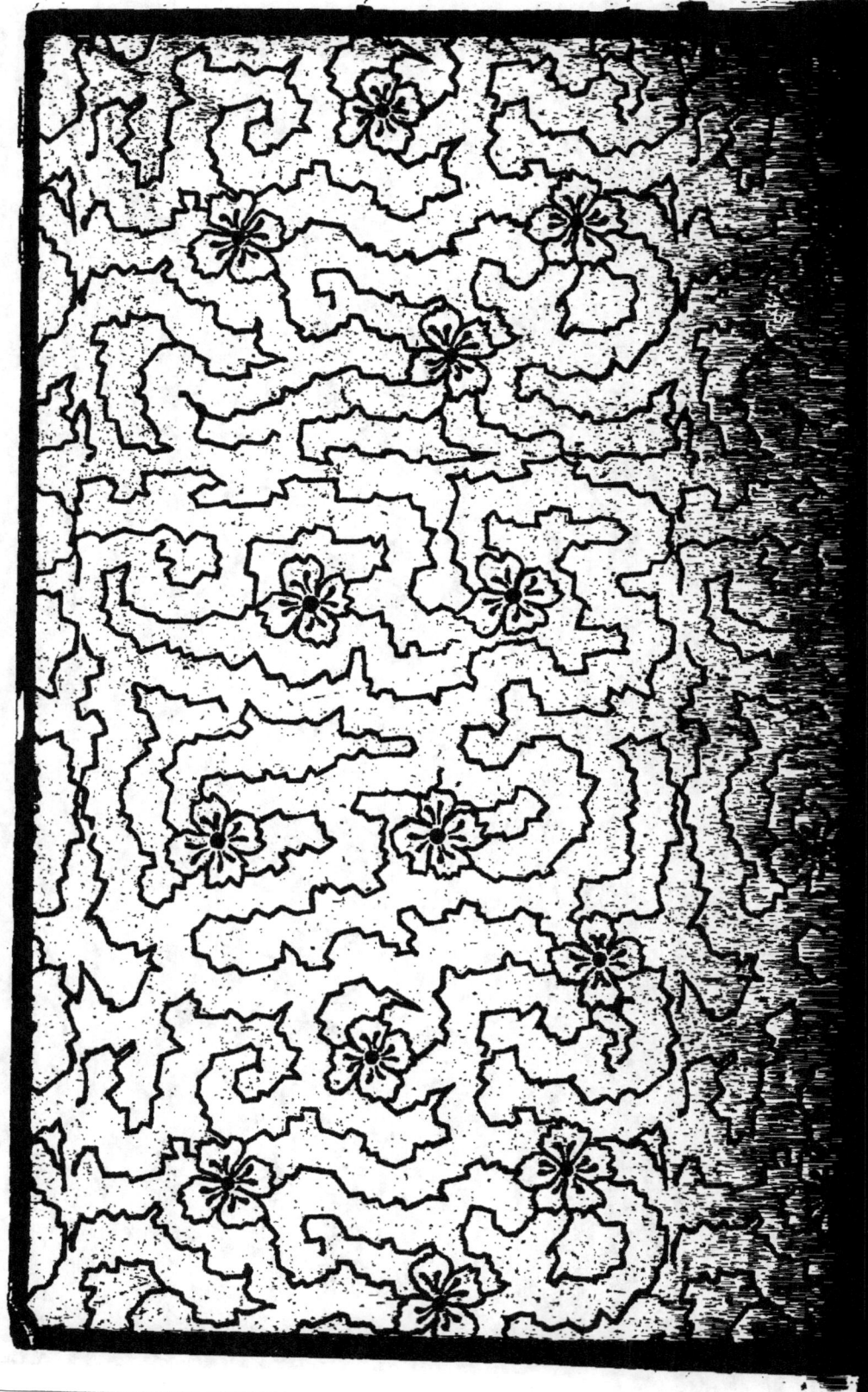

RABELAIS
Légiste

Testament de Cuspidius et Contrat
de vente de Culita, traduits
avec des éclaircissements et
des notes et publiés pour
la première fois d'après
l'édition de Rabelais

Par

ARTHUR HEULHARD

Avec deux fac-similé

PARIS
DUPRET, ÉDITEUR
3, RUE DE MÉDICIS, 3
1887

RABELAIS LÉGISTE

DU MÊME AUTEUR:

Étude sur une Folie à Rome, *avec un avant-propos par Albert de Lasalle, un portrait à l'eau-forte*, et un Appendice. (Paris, Bachelin-Deflorenne, 1870.) 1 v. in-12.

La Fourchette harmonique, histoire de cette Société musicale, littéraire et gastronomique, etc. (Paris, Lemerre, 1872.) 1 v. in-12.

La Foire Saint-Laurent, son histoire et ses spectacles, avec plans et estampes. (Paris, Lemerre, 1878.) 1 v. g. in-8.

Jean Monnet, vie et aventures d'un entrepreneur de spectacles, avec 2 estampes. (Paris, Lemerre, 1884.) 1 v. g. in-8.

Rabelais et son maître. (Paris, Lemerre, 1884.) Pl. in-8.

Pierre Corneille, *ses dernières années, sa mort, ses descendants*. (Paris, Librairie de l'Art, J. Rouam, éd., 1884.) 1 pl. in-12.

Scènes de la vie fantaisiste. (Paris, Charpentier, 1884.) 1 v. in-12.

Rabelais chirurgien, avec quatre figures. 1 v. in-12. (Paris, Lemerre, 1885.)

Bravos et Sifflets, aggravés d'une Préface. 1 v. in-12. (Paris, Dupret, 1886.)

La Chronique musicale, *Revue de l'art ancien et moderne*, 1873-1876. (Paris. A. Le Vasseur.) 11 v. g. in-8, avec gravures et musique.

Le Moniteur du bibliophile, Gazette littéraire et anecdotique (en coll. avec M. Jules Noriac). 1878-1880, 11 v. g. in-8.

RABELAIS
Légiste

Testament de Cuspidius et Contrat
de vente de Culita, traduits
avec des éclaircissements et
des notes et publiés pour
la première fois d'après
l'édition de Rabelais

Par

ARTHUR HEULHARD

Avec deux fac-simile.

PARIS

A. DUPRET, ÉDITEUR

3, RUE DE MÉDICIS, 3

1887

RABELAIS LÉGISTE

I

On a dit paradoxalement du mensonge que c'était un hommage rendu à la vérité : on peut dire aussi de l'erreur que c'est un tribut payé à la science. Il n'y a pas d'homme qui n'ait marqué d'une chute ses efforts pour dérober le feu du ciel. Rabelais lui-même, dont l'érudition est si sûre et si meublée la mémoire, a eu son jour de défaillance. En donnant pour vrais le *Testament de L. Cuspidius* et le *Contrat de vente de P. Culita*, il a mis en circulation deux actes faux autour desquels ses historiens et ses commentateurs ont pour ainsi dire organisé le silence, comme si la gloire de Rabelais devait en être tachée ! Notre curiosité plus inquiète ne se contente pas de constater purement et simplement les erreurs : elle veut connaître le point de départ, examiner les conséquences, et montrer sur quelles apparences l'opinion de Rabelais s'est égarée. Je ne crois pas que la piété pour Rabelais puisse être diminuée parce qu'on trouve en lui, comme en nous tous, cette impuissance de la vérité absolue qui est l'infirmité congénitale de l'homme.

C'est pourquoi je publie aujourd'hui les documents qui font l'objet de ces réflexions : ayant disparu depuis trois siècles et demi, ils ont l'attrait de la nouveauté tant pour les philologues et les juristes que pour les amis de Rabelais. Ce sera là une seconde édition : l'originale est introuvable et peut-être faut-il regarder comme unique l'exemplaire de la Bibliothèque nationale. M. Rathery ne l'a point connu quoiqu'il ait eu pour cela des facilités plus grandes que personne, ayant été longtemps conservateur de ladite Bibliothèque. Lorsqu'il publia son édition de Rabelais, en collaboration avec M. Burgaud des Marets, il dut reproduire une partie de ces documents (la lettre à Bouchard) d'après une copie tronquée, faute d'avoir pu se procurer l'opuscule original que le dépôt confié à ses soins conservait religieusement. Ainsi ont fait ses successeurs. C'est donc la première fois depuis 1532 que le texte de ces pièces est rétabli dans son entier et mis sous les yeux du public. Il est assez extraordinaire que tant d'éditions de Rabelais se soient succédé depuis celle-là sans qu'aucun éditeur ait pris la peine de collationner ces pièces sur l'original : c'est un nouveau témoignage de cette communauté d'erreur humaine, où des érudits de premier ordre, MM. Anatole de Montaiglon, Paul Chéron, Marty-Laveaux et Pierre Jannet se rencontrent avec Rabelais.

II

Les termes et rubriques de droit, les citations et allusions juridiques abondent dans *Pantagruel* et *Gargantua*. Rabelais y a semé les aperçus ingénieux et hardis où son tempérament de novateur et de réformateur se trahit à chaque pas. Cependant cette partie de son œuvre a été négligée par la critique spéciale. Gambetta fut tenté par cette étude : on avait annoncé de lui un *Rabelais légiste* qui n'a point paru.

Rabelais légiste

C'est un travail qui devrait piquer au jeu un historien. Qui l'entreprendrait ne serait point déçu, car la jurisprudence entre au même degré que la médecine dans les éléments de l'œuvre rabelaisienne. Peut-être même, en poursuivant l'unité judiciaire aux dépens de la coutume, *Pantagruel* va-t-il plus loin dans cette voie que dans l'autre, où il se borne le plus souvent à des principes d'hygiène privée et publique (exception faite pour des théories remarquables sur le fonctionnement du cerveau et la circulation du sang.)

Nul doute que Rabelais n'ait étudié le droit antérieurement à la médecine, c'est-à-dire avant son séjour à Montpellier. La commotion universitaire qui a creusé l'abîme entre ces deux sciences s'est produite relativement tard, et la plupart des hommes qui aspiraient au titre de savant se réglaient sur Budé, qui, en les étudiant parallèlement toutes deux, avait créé un précédent à cet égard. Rabelais, alors qu'il portait encore le froc à Fontenay-le-Comte, avait sollicité directement les conseils du maître sur l'impulsion à suivre. Aussi le trouvons-nous de bonne heure entraîné par André Tiraqueau, l'ancêtre de Cujas et le plus grand légiste de son temps, dans une société où dominent et les conversations de droit et les préoccupations des humanités. Attiré dans ce cénacle par la sympathie, Rabelais y est retenu par cette ardente curiosité qui est la marque du siècle. Jean Brissot, père de P. Brissot qui mourut chirurgien de Charles-Quint en Espagne; Artus Caillé, le beau-père de Tiraqueau et premier lieutenant particulier de Fontenay (charge créée en 1500); Pierre Coguet, évidemment parent d'Hilaire Coguet que nomme Rabelais; Jean Brisson, avocat du Roi ; Jacques Fouschier, avocat, puis secrétaire d'Antoine Duprat vers 1504, et qui fit le voyage de Rome en 1517 ; un autre avocat, Jean Ranfray, composaient une réunion d'où le jeune cordelier ne pouvait être repoussé. (1). Nous en avons pour preuve l'amitié que Tiraqueau lui témoigna toute la vie, et la protection qu'il ne cessa de lui accorder durant toute sa carrière de magistrat, en dépit des tentatives de la Sorbonne pour les brouiller.

Appelé à Maillezais et choisi pour secrétaire par Geoffroy d'Estissac, le bon évêque, il agrandit encore le cercle de ses relations avec les juristes

---

(1) Voyez les recherches de M. Benjamin Fillon sur la composition de ce cénacle dans *Poitou-Vendée*.

poitevins: on connaît assez celles qu'il eut avec Jehan Bouchet, poète et annaliste, en même temps que procureur au Palais de Poitiers. Parmi leurs amitiés communes, on peut certainement ranger Doyneau, lieutenant général de Poitou, ami intime de Tiraqueau.

J'ai également quelques raisons de croire que, pendant son grand voyage circulaire dans les universités de France, il s'arrêta de préférence à celle de Bourges, qui l'emportait sur toutes les autres pour l'étude du droit. Ce séjour ne fait point de doute pour moi, quoiqu'il ne résulte d'aucun document formel : il se trahit à maint endroit du *Gargantua* et du *Pantagruel* par des allusions très précises et correspondrait environ au temps où Alciat, venu d'Italie, célébrait en d'admirables leçons la Renaissance du droit romain sur les ruines de la méthode accursienne. (1) En tout cas, Rabelais a retenu beaucoup de sa liaison avec J. de Boysson, le professeur fameux dont l'enseignement à Toulouse balançait celui d'Alciat à Bourges : d'autant plus qu'il s'agit ici d'une liaison durable cimentée par la communion des idées et des épreuves.

Il n'y a donc pas lieu de s'étonner qu'à peine fixé à Lyon, il ait été attiré vers les monuments de la jurisprudence romaine qui relevaient en même temps de la philologie. C'est là un trait de l'homme, un signe de l'époque. On s'explique même aisément que, dans sa passion pour l'antiquité, il ait pu considérer

---

(1) Le lundi 19 avril 1529, à 7 heures du matin, Alciat fit l'ouverture de l'Université au vieil Hôtel-Dieu de Bourges, aux gages exceptionnels de 1000 livres. Son enseignement, qui fit de Bourges la première école de France, durait encore en 1532.

comme authentiques le *Testament de Cuspidius* et le *Contrat de vente* qui lui fait suite. Ces deux pièces lui furent présentées dans des conditions capables d'engendrer et d'entretenir l'erreur. Peut-être, étaient-elles l'œuvre d'un faussaire : le seizième siècle a eu des Vrain-Lucas très habiles, et en aucun temps on n'a vu tant de faux morceaux d'épigraphie. Tout le monde autour de Rabelais partageait ses illusions, y compris Gryphius, son savant imprimeur, et son ami Aimery Bouchard, l'ancien président de Saintes, récemment promu aux fonctions de maître des requêtes ordinaires de François 1er pour sa suffisance en droit. Il semble cependant qu'un dernier scrupule ait surgi dans l'esprit de Rabelais qui manifeste le regret de n'avoir pu voir « le manuscrit original. »

Bouchard étant venu passer un

certain temps à Lyon, Rabelais se constitua son guide dans les librairies. Gryphe leur montra le *Testament* et le *Contrat de vente* qu'il tenait pour des pièces uniques. On s'enthousiasma, Bouchard parla d'en prendre copie, Rabelais fit mieux et grâce à son influence sur Gryphe, on résolut de les imprimer sous un titre pompeux, avec une épitre dédicatoire à Bouchard où toute cette histoire est contée. L'épître est en latin mêlé de grec : en voici la traduction (1) :

« Le présent que je vous fais, mon très illustre ami, est bien mince, si vous avez égard à la grosseur du volume qui ne remplit pas la main; mais je le crois pourtant digne de

---

(1) Je me borne à compléter la traduction qu'en a donnée Dreux du Radier, dans le *Journal de Verdun*, d'octobre 1756. Je reviendrai tout à l'heure sur le *mémoire* de D. du Radier.

votre attention et de celle de tous les savants de mérite. Je veux parler du Testament de ce L. Cuspidius, arraché par un bonheur particulier aux fureurs de la flamme, des eaux et à celle des temps. Lorsque vous quittâtes Lyon, vous le regardiez comme une pièce pour laquelle on eût pu négliger l'affaire la plus importante et s'exposer à se laisser condamner par défaut, même au tribunal du sévère Cassius (1). Je n'ai pas cru devoir vous en donner une copie particulière, comme vous me paraissiez le souhaiter; mais j'ai pris le parti de faire imprimer deux mille exemplaires. Par ce moyen, en vous satisfaisant, je contenterai aussi, sous vos auspices, bien d'hon-

---

(1) L. Cassius Longinus. Marc-Antoine, l'orateur, nommé questeur en Asie, accusé d'inceste devant Cassius, n'osa invoquer le privilège des absents *reipublicæ causâ* et se présent a quand même au jour dit.

nêtes gens qui y apprendront la manière dont en usaient les anciens romains, dans les beaux temps de la République, pour faire leur testament, et le style et la formule de ces actes.

« J'ai vu bien des gens qui prétendaient avoir dans leur cabinet le manuscrit original de ce document digne de Dédale, (car nous usons volontiers du mot de Platon) mais je n'ai jamais pu voir personne qui me l'ait montré. A ce sujet, je vous prie de vous souvenir du célèbre imprimeur Gryphius. J'attends de jour à à autre votre beau traité nouveau *de Architecturâ Orbis*, qui est nécessairement un ouvrage puisé aux sources les plus pures de la philosophie. Car, jusqu'ici, vous n'avez encore rien publié ni rien écrit qui ne fît voir des connaissances rares, un savoir recherché et tiré de cet antre obscur, où, suivant

Héraclite, la vérité se plaît à se cacher à nos yeux. Adieu, savant ami, et puissiez-vous jouir en paix des honneurs attachés à la haute place que vous remplissez. »

A Lyon, ce 4 septembre 1532.

A la suite, venaient les deux pièces annoncées dans la lettre à Bouchard : les voici, traduites avec le plus de fidélité qu'il m'a été possible :

RESTES DE LA VÉNÉRABLE ANTIQUITÉ

TESTAMENT DE L. CUSPIDIUS

Au nom de Dieu, très bon et très puissant, sans l'assentiment de qui rien ne peut être bien commencé ni heureusement terminé, Voici la disposition et expression des dernières volontés de Lucius Cuspidius, en ce qu'il désire et arrête être fait après lui, si, contrairement à l'espoir des médecins, il succombait à cette maladie dont il ignore l'issue.

Déclarant vouloir tester en santé d'esprit, afin de quitter cette vie sans dommage pour les siens, il fait les legs suivants : tout le mobilier domestique à Nonius, professeur de rhétorique à Appollonie, ou en cas de mort de celui-ci, à ses fils, P. et Cn. Cecilius. De plus, je laisse ce que me doit Q. Œmilius à son frère Œmilius et à ses enfants. J'entends que les champs et fermes que j'ai de Lysius, ensemble la maison, appartiennent en toute sécurité à mes cousins germains, principalement à Lucius, parce qu'il porte mon nom et pour la vive reconnaissance qu'il m'a gardée de son séjour près de moi, comme il sied à un élève qui me tient lieu de fils. A mon oncle Atticus e donne la propriété que j'ai habitée à Tusculum, tenant du nord à la voie publique, du midi au temple de Jupiter Stator, du levant à Sextus Pomp (*eius* ou *onius*) et du couchant à Suillus Cincinnatus. Moyennant un talent à Philotimus, l'historien, et dix drachmes au grammairien Callinus, Hipparchus sera libéré de sa dette envers moi. Si je n'avais égard à la situation de Niceas qui m'a été fort utile pendant quelque temps et qui vient d'être très éprouvé dans ses ressources par le naufrage de son frère, j'exigerais la restitution immédiate de ce que son intendant m'a emprunté ; mais, comme il m'a paru que cela lui serait difficile, je veux que chaque année il subvienne à l'entretien de ma sœur de lait Dorphyla, qui a vieilli dans le célibat auprès de ma Sempronia, en qui je regrette, au point d'aspirer à la mort, la plus rare des épouses pour la fidélité, la probité, le courage et les incroyables vertus. A la mort de la vieille, il sera quitte de toutes dettes et de toutes obligations par lui contractées. S'il arrive malheur à Lampridius avant que ses enfants soient à l'âge d'homme, le rhéteur Antiochus en prendra soin et recevra sur mes biens ce qui leur sera nécessaire afin qu'ils soient libéralement instruits et élevés.

J'aime et j'entoure d'une affection très vive le naturel des enfants que je crois destinés à de bons fruits. Toi, Antiochus, en raison de ton attachement pour moi, et pour Lampridius, attachement mutuel qui date de l'enfance, sois leur tuteur afin de ne rien perdre ni de leurs intelligences, ni de tes travaux. A mes amis, je lègue le jardin que j'ai acheté d'Herennius, la promenade et le palais de Nestorius, tenant du nord aux frères Césars, du midi aux Gracques, de l'occident à la mer, de l'orient au Pô ; ensemble ma bibliothèque littéraire aux savants Gallus, Fabius, Hirrus, ainsi qu'à tous les citoyens qui voudront y vaquer aux lettres et à l'éloquence, sous la condition toutefois de n'y rien changer, de n'en rien aliéner, et d'y demeurer dans l'indivision, comme dans un temple sacré, un Gymnase commun en possession et en jouissance. Les procureurs du Gymnase partageront mes propriétés d'Egine à usage de livres et d'huile pour la jeunesse studieuse et donneront un salaire convenable au rhéteur que mes cousins germains reconnaîtront le plus utile et le plus propre à diriger les classes. Qu'ils y consentent, eux et mes autres parents, pour l'honneur de mon nom. Qu'ils prennent bien garde surtout de recommander à leurs successeurs de conserver le lieu en l'état et de le transmettre ainsi à la postérité *in perpetuum*. C. Atteius et Sex. Capito auront soin de mon enterrement et de mes funérailles ; ils me feront un tombeau comme il leur paraîtra le mieux et régleront les cérémonies funèbres sans parcimonie comme sans prodigalité. Je suis convaincu, en effet, qu'ils s'ententendront non moins bien que moi à faire convenablement les choses et à n'y rien négliger. Quant à mes serviteurs, j'en décide de la sorte.

A Demetrius, je remets le prix de son rachat et lui donne cinq mines, ainsi que mon manteau et ma tunique, pour avoir été mon lecteur. A Taurus, qui m'a beaucoup et longtemps servi, je donne l'affranchissement et quatre talents, afin de pouvoir vivre honorablement. Si Dyonisius, qui est à la chaîne, et Syrus le fugitif continuent à être les vauriens qu'ils sont, j'ordonne qu'on les vende, et qu'avec le produit de la vente on ouvre une rue conduisant aux jardins de l'Académie, on transforme le passage voisin en une voie publique, et nettoye les voies publiques tout à l'entour. J'abandonne la servante Hermia, parce qu'elle boit : je voue à un esclavage perpétuel les esclaves Mœsus, pour vagabondage, Geta, pour mensonge, Davus et Maurus, pour médisance et rebellion continuelles, afin qu'ils tournent la meule en expiation de leurs fautes.

Resté à instituer un héritier digne de recueillir mes biens, et je sais que plus d'un les convoite. Si tu vivais, mon fils, si tu vivais encore (comme il l'eût fallu!) mon Lætus, je ne serais pas en peine et ne me tourmenterais pas à chercher l'héritier préféré d'un tel patrimoine, pour toi seul augmenté avec tant de soucis et d'angoisses, pour toi seul conservé avec tant de zèle, de vigilance et de parcimonie. Mais quelque fortune jalouse ou Dieu plutôt! me l'ayant ravi après me l'avoir donné, pour que tout meure avec moi, ma race et mes biens, ce serait une impiété de ne pas m'incliner devant l'arrêt d'en haut. Puisque j'ai les deux fils de mon frère Agathon et mes deux filles, il me faut choisir pour héritiers les uns et les autres, sous déduction des legs ci-dessus : en quoi cependant je dois aviser (ô tristesse!) à ne rien décider qui paraisse moins honnête et moins convenable, moins juste et moins louable à ceux-ci qu'à celles-là. Que Titius et Cnéus, fils de Cuspidius, soient donc mes héritiers : au meilleur serviteur de la chose publique, les maisons, champs, jardins, et plants d'oliviers, et toute ce que je possédais à Scutari; au moins digne, les mille cent quatre-vingts arpents et plus que j'ai acquis l'an dernier à Colchinium. Quant au reste de mes biens et gens, j'institue mes filles Fausta et Feliciana mes héritières à raison de trois quarts pour celle qui aura le plus d'enfants, et du quart pour l'autre. Et je les substitue réciproquement les uns aux autres avec leurs enfants, mais par souche et non par tête. Je permets à mes filles de se marier chacune selon son choix et j'accorde mon consentement à l'époux choisi. Je nomme mes exécuteurs testamentaires Silius Necessarius, C. Attilius, M. Capitolinus, qui m'ont porté la plus admirable des affections et qui, de tous mes amis et parents, ont été les plus fidèles. Au nom d'une amitié qui date de l'école, au nom du grand auteur de toutes choses, je vous supplie de vous rappeler quelle confiance je mets en vous, et de remplir avec exactitude le mandat que je vous confie. Ils feront vraiment acte de piété amicale — et tous ceux aussi qui se sont intéressés à moi — en remplissant mes intentions avec soin, malgré leurs occupations et leur vieillesse relative.

En présence des témoins : Q. Martius, C. Septimius, P. Curio, L. Ancapito, M. Terentius, Julius Pansa, C. Sestius, qui ont signé pour leur signature valoir ce que de droit. Moi-même, Cuspidius, ai écrit de ma main et scellé de mon anneau ce testament que j'ai fait également signer par les témoins. Et je veux que ces dernières volontés aient force de testament; et, si par hasard il n'était pas jugé tel, j'ordonne qu'il tienne lieu de toute autre dernière volonté et, comme telle, observée inviolablement et jusqu'au bout par tous mes héritiers et successeurs.

Adieu, vous qui me survivez, et rappelez-vous que vous êtes mortels.

A Rome, Calendes de mars. Cn. Pompilius et L. Martius Consuls.

MANUSCRIT D'UNE RARE ANTIQUITÉ

CONTRAT DE VENTE

Passé au temps des Romains.

Pascutius Culita, fils de P. Culita, jardinier à Sarno, assisté de Pigratia Nigella son épouse ici présente, vend à Segnitius Funestillus, messager d'Acerres, qui l'achète pour lui, ses enfants, petits-enfants et arrière-petits enfants avec toute leur postérité, une petite maison située au faubourg de Sarno, le long du fleuve, touchant à Pilutius, à Rufillus, à Cocleatius Surripo et à Lardatius Fabaro, gens du pays et bons voisins. Toute cette petite maison est bonne : bonne, la charpente; bonne, la muraille; bon, le toit, bien conditionné et soutenu de bons chevrons, mêmement de bardeaux en chêne fournis par l'ouvrier Averunco; bonne, la citerne, sans aucune infiltration saline ou servitude de latrines; bien assise, la fondation; bien gras le bourbier où viennent les détritus de tout le voisinage, et le labour exposé au midi avec de fortes bornes de quatre en quatre pieds. Le prix est de trois onces. Toi, Pascutius, tu avoues avoir reçu toute la somme dûment pesée et comptée. A toi, Segnitius, de prendre possession de ladite maison au lieu et place de Pascutius en la cérémonie ordinaire, de fond en comble, avec les solives, chevrons, clefs, escaliers, portes, cuisine et bourbier ainsi que le tout s'étend, du sol à la voute céleste, y compris le ciel lui-même, les profondeurs de la terre, l'abîme et les enfers; à charge par le vendeur de garantir Segnitius en toute place et occasion, jours fériés et non fériés, fastes et néfastes : en exécution de quoi il hypothèque ses biens, meubles, bâche, malle, son cercueil et lui-même ainsi qu'il en a été jugé au Palais. Toi, Pascutius, investis-le du bâton. Toi, Segnitius, prends le bâton. L'un et l'autre après s'être mis d'accord de leur libre et mutuel consentement, comme il convient à d'honnêtes gens, m'ont appelé pour dresser l'acte : le tout sous la foi du serment, en présence des témoins dûment appelés, Plotius Locusta de Fiesole, Casellio d'Albano, Licida Albutius de Fregelles. Ainsi convenu et arrêté en ces termes et sous ces conditions et avec le consentement de Pigratia, la femme du vendeur, comme il sied entre honnêtes gens.

Calendes de juillet, Balbus préteur.

Bebius Porca (notaire).

Ces deux pièces formaient, avec la lettre à Bouchard, un opuscule de seize feuillets qui est, pour la typographie, un des plus beaux spécimens sortis des presses de Sébastien Gryphe (1). Malheureusement elles étaient fausses : le *Testament de Lucius Cuspidius* avait été fabriqué par Pomponius Lætus, et le *Contrat de vente* par Jean Jovian Pontanus, une soixantaine d'années avant la publication de Rabelais.

(1) On en jugera par les fac-simile du titre et de la marque finale reproduits plus loin.

III

Cette mésaventure, en supposant même qu'elle fût connue des contemporains, n'infirma en rien l'autorité de Rabelais dans les questions philologiques et juridiques, et quelques années plus tard, le poète Voulté, répondant à Scève, s'écriait :

« Scève, tu me demandes ce que je pense du droit civil ? Ce qu'en dit notre ami Rabelais, voilà tout ! »

Civili de jure rogas quid sentio, Scœva :
Hoc verum noster quod Rabelæsus ait (1).

Si l'on découvrit l'erreur de Rabelais, ce fut apparemment fort

---

(1) *Vultcii Epigrammata* (Lyon, M. Parmentier, 1537, p. in-8º). Je ne crois pas que ces deux vers aient jamais été cités. Ils ont de l'importance, venant de Vulteius qui avait étudié le droit à Toulouse, et probablement sous Boysson.

tard dans le siècle : beaucoup d'érudits, et des plus grands, l'ont suivie et répandue. En 1534, Henri Glareanus a donné une édition du *Testament de Cuspidius* où il ne doute pas de son authenticité. Paul Manuce l'a également inséré dans ses *Commentaires sur le* De officiis *de Cicéron*.

Georges Fabricius, de Chemnitz, donna les deux pièces dans ses *Monuments de l'antiquité*, imprimés à Bâle en 1550 (1). Le *Testament de*

---

(1) Avec les observations suivantes sur le texte du *Testament :*
P. Gn. Cæciliis. Nunc Cn scribitur : nam etiam in aliis G litteram posteriores in C mutarunt : auctor Verrius Flaccus.
Inliberalia, pro illiberalia.
Neglegentius, pro negligentius.
Hiisque testibus, pro his.
Et sur le texte du *Contrat :*
Ipsus emit, pro ipse.
Tibe vero, Tibe pro tibi scripserunt antiquissimi, ut testatur Quintilianus.
Hæccesicce, pro Hæc sic.
Bene agier, pro agi.

Cuspidius ouvre le livre, et Fabricius qui cite généralement ses sources avec exactitude (il avait voyagé en Italie vers 1544), le dit imprimé en Italie sans le nom de celui qui l'avait trouvé et décrit. Pour le *Contrat*, il le dit également tiré de la bibliothèque d'Alciat « ex membranis miræ vetustatis ». Enfin ce même *Contrat*, en a imposé à Cujas qui le cite, selon du Radier, et à bien d'autres encore.

Deux siècles après, Terrasson, l'auteur de l'*Histoire de la jurisprudence romaine*, (1750), les a publiés de nouveau comme des monuments précieux de l'antiquité. Comme Fabricius, il ignore l'opuscule de Rabelais : il dit que le *Testament* a paru jadis en Italie et qu'il a été tiré de la bibliothèque d'André Alciat ; enfin il présente le *Contrat* comme publié pareillement en Italie et ensuite par Fabricius dans sa *Collection des monuments de l'antiquité*. L'avocat Dreux du Radier paraît être le premier qui ait connu la plaquette de Rabelais ; il la décrit (*Journal de Verdun*) d'après un exemplaire qu'il a évidemment sous les yeux, à en juger par l'exactitude des détails bibliographiques. Il est de ceux qui croient à l'authenticité des pièces : « Si c'est une fraude, dit-il, je veux dire si Rabelais est l'auteur de la pièce, c'est une fraude bien savante. » D'après lui, le style du *Testament* est de la meilleure époque, et la formule témoigne des plus profondes connaissances juridiques, car il n'y est rien omis. Tout ce qui pouvait éveiller le soupçon chez Du Radier, c'est l'indication d'un consulat inconnu. Il pense que Rabelais est bien le premier éditeur des pièces et émet cette opinion que le *Contrat de vente* a bien pu passer dans le cabinet d'Alciat d'où il a été tiré plus tard. Du Radier est tellement pénétré de leur importance respective qu'il se propose de les faire imprimer de nouveau, avec des observations de jurisprudence et d'histoire, et la traduction littérale qu'il en avait faite. « Ces textes précieux le méritent. »

Il n'est donc pas établi que Rabelais ait eu connaissance de son erreur : partant, il n'a pas cherché à se venger de Jovien Pontanus dans *Gargantua* et dans *Pantagruel* comme l'avancent certains commentateurs.

Je n'ai trouvé nulle part qu'il se soit moqué de Pontanus. S'il met dans la bouche de Janotus de Bragmardo, un jeu de mots qui vise Pontanus, ce n'est pas pour le décrier : au contraire, la harangue de maître Janotus, d'éternelle mémoire, est une raillerie cruelle à la charge des sophistes ; c'est Pontanus qui en bénéficie. Janotus vient de dire que la Faculté de théologie n'est rien sans les cloches, et continue : « Ung quidam latinisateur, demourant près l'Hostel-Dieu, dist une fois, alléguant l'authorité d'ung Taponus (je faulx, c'estoyt Pontanus) poete seculier, qu'il desiroit qu'elles feussent de plume et le batail feust d'une queue de regnard ; pource que elles luy engendroyent la chronique aux trippes du cerveau, quand il composoyt ses vers carminiformes. Mais, nac petetin petetac, ticque, torche lorgne, il feut déclaré héréticque ; nous les faisons comme de cire. » Cette balourdise, ajoutée à toutes celles que Rabelais lui prête spirituellement, ne vise ni n'atteint Pontanus, mais bien le Sorboniste dont l'ignorance se manifeste une fois de plus à propos de ce poëte. D'ailleurs est-ce bien de

Jovien Pontan qu'il est question ici ? Ne s'agirait-il pas plutôt de Pontanus, dit l'aveugle de Bruges, qui habita longtemps Paris où il a écrit quantité de livres sur la prosodie et la poétique ?

Le Duchat hésite à se prononcer. Il dit que Pontan a bien fait quelque raillerie des cloches dans son dialogue intitulé *Charon*, mais nullement celle dont parle Rabelais. « En tout cas, dit-il, Pontan n'a jamais encouru la peine du quidam latinisateur » ; il n'a jamais été déclaré hérétique ni pour avoir plaisanté sur les cloches ni pour toute autre raison, bien que le *Charon* ait été défendu à cause de la liberté qu'il prend avec les gens d'église. « J'avoue, dit-il encore, que nonobstant tout ce que je viens de dire, Rabelais semble uniquement avoir en vue Pontan, ayant lui-même (ch. xxvii du livre v) répété cette plaisanterie touchant les cloches, et douté si peu qu'elle fût de Pontan qu'il la gratifie de devise *Pontiale*. Cela est embarrassant, et pourroit confirmer les soupçons qu'on a que ce v^e livre est supposé; outre que difficilement Rabelais aura-t-il jamais fait de Pontanus un adjectif aussi irrégulier que l'est *Pontial*. »

Sur cette digression qui a son utilité, revenons à notre sujet.

IV

Si cette branche de la philologie qu'on appelle aujourd'hui *la critique des textes* eût existé avec ses ressources actuelles, au seizième siècle, ni Rabelais, ni ses contemporains n'eussent été dupes des supercheries de Pomponius Lœtus et de J. Pontanus. Ils auraient admiré, envié peut-être l'ingéniosité du piège; à coup sûr ils ne s'y seraient pas laissé prendre.

Pomponius Lætus qui en était arrivé à mettre quasiment Romulus au rang des saints et à solenniser le jour de la fondation de Rome, pousse les choses un peu loin en fabriquant le *Testament de Cuspidius* (1) Peut-être a-t-il fini par le considérer de bonne foi, comme authentique : ce ne serait pas la première fois qu'une telle hallucination hantât un cerveau monomane. Par amour pour les Romains, il a été souvent conduit à travestir sa personnalité et ses écrits sous les

---

(1) Voyez, pour plus de renseignements, la curieuse *Dissertation* de La Monnoie sur *Pomponius Lætus*, dans l'ouvrage de Baillet : *Jugements sur les principaux ouvrages des auteurs*, 1722, T. II, p. 223. De même farine est le *Testamentum Grunnii Corocottæ*, édité à la fin des *Proverbia Al. Brassicani*, Paris, 1532, in-8.

couleurs de l'antiquité et à propager des erreurs qu'il trouvait certainement très innocentes ; le nom de Lætus qu'il se donne vient sans doute de son inclination vers les plaisanteries telles que le *Testament*.

Il n'y a pas d'expressions trop suspectes dans la latinité de Pomponius Lætus qui s'appuie tantôt sur Cicéron, pour le courant de la langue, tantôt sur Justinien, pour les termes de droit : c'est puiser aux bonnes sources. Mais dans la confection même de l'acte il y a beaucoup à reprendre, et la critique moderne ne s'y fût pas méprise. On y relève des préoccupations et des abus de formules qui ne sont point d'un testateur romain : d'abord, l'invocation d'un Dieu unique, placée en tête. C'est là une profession de foi qui sent vaguement son christianisme, un christianisme postérieur à Constantin sous qui il est déjà affirmatif et enthousiaste. Dans la dénomination des biens légués à Apollonie en Sicile, à Scòdra (Scutari) en Illyrie, à Colchinium, en Dalmatie, et jusqu'à Egine en face le Pirée, on remarque un étalage de connaissances géographiques qui peut passer pour singulier, à moins d'admettre que les possessions de Cuspidius s'étendaient sur toutes les régions connues. L'évocation d'Atticus, de Tusculum et du temple de Jupiter Stator, (lequel n'existait peut-être pas) semble venir là comme un libéral souvenir donné aux *Tusculanes* et aux *Lettres à Atticus*. La désignation des lieux, ainsi que leur délimitation, est ou insuffisante ou fautive. Dans les legs en numéraire, le testateur ne stipule point s'ils seront comptés en argent ou en or, ce qui est une difculté de plus pour les exécuteurs testamentaires. D'autres obstacles, et capitaux, s'opposent à l'exécution du testament, notamment tout ce qui a trait aux héritiers par substitution. Les esclaves de Cuspidius ont des noms de comédie empruntés au théâtre de Plaute. Les consuls Pompilius et L. Martius ne se trouvent pas concurremment portés dans les Fastes consulaires. Enfin, il semble que Pomponius Lætus, après tant de traces de son invention, ait voulu signer son œuvre et écarter toute idée de supercherie, en appelant de son nom le fils de Cuspidius : « Vixisses, *Læte*, mi fili, » et en parlant ailleurs de ses deux filles, sous des noms supposés. Je pourrais soulever d'autres objections qui ne s'accordent guère avec l'idée qu'on se fait d'un testateur aussi prévoyant.

Je ne connais pas de texte antérieur à celui que je donne d'après Rabelais : il n'en existe pas dans ce qui nous reste de P. Lœtus.

Je regrette de ne pouvoir le comparer avec un autre, car il me paraît que Rabelais a mal corrigé ses épreuves. A l'article concernant les esclaves, au lieu de *vinales vias*, qui voudrait dire les chemins de la vigne, il faut probablement lire : *vicinales vias*, dont le sens s'accorde mieux avec celui de la phrase. A l'article touchant la substitution, et au lieu de *tam has quam illas*, il faut évidemment lire *illos* qui vise les héritiers mâles. Enfin, dans les dispositions déjà citées relativement aux esclaves, je doute qu'on doive lire *mancipes*. A tout prendre, je préférerais *mancipia* : le mot s'applique mieux au rôle passif que Cuspidius destine à ces gens. Si Cuspidius eût voulu en faire des *mancipes*, c'est-à-dire des fermiers ou des entrepreneurs, il eût entendu les récompenser et non les punir.

Le *Contrat de vente* est d'une latinité beaucoup plus décadente, et, seule, la langue de Pontanus eût dû éveiller la défiance de Rabelais. On n'a qu'à se reporter au document lui-même pour en soupçonner la date. Ce latin-là, malgré qu'en ait Pontanus, marche vers le macaronisme : à pas lents, si l'on veut, mais il a pris son parti, il est en route. On y devine des intentions malicieuses que justifie le milieu où il est placé, et malgré le secours de Du Cange, je ne réponds pas de l'avoir traduit avec une exactitude absolue en ce qui touche certaines expressions familières. Les noms propres sont de véritables sobriquets forgés avec une gaieté d'esprit qui est plus près de *la burla* que de l'acte notarié. Bref, si on pouvait garder rancune à Rabelais de sa bonne foi, ce serait surtout pour cette erreur-là dont la mesure dépasse singulièrement l'autre.

En effet, s'il n'y a aucune preuve matérielle que le *Testament* soit un divertissement de Pomponius Lætus, il est bien certain que le *Contrat de vente* a été forgé dans un moment de belle humeur par Jovian Pontan qui en fait le prélude de son dialogue intitulé *Actius* (1). Cœlius Rhodiginus en cite même un passage et le présente comme de Pontan (2). Mais des imposteurs vinrent qui, après avoir supprimé

---

(1) Le dialogue s'engage entre Actius Syncerus, Cœparius et Segnitius qui criblent de traits le texte du *Contrat* émané d'un notaire de village.

(2) Et quia de oculis multa regessimus in hosce libellos, addamus et lepidum Pontani jocum, qui facetissimè domunculam verius democulam dici a Macronilla solitam fingit : quod qua die primum est ingressus quidam, oculum amisit. *Cœlii Rhodigini Lectionum antiquarum libri triginta* (livre XIII, ch VIII). C'est une simple allusion, en passant, car la matière est autre.

tout ce qui caractérisait la supercherie, produisirent l'acte comme ancien ; les uns prétendaient l'avoir copié sur l'original, les autres, spécifiant l'origine, le disaient tiré d'un vieux manuscrit de la bibliothèque d'Alciat (Pontan, qui était mort, n'avait plus la satisfaction d'en rire). C'est une de ces copies qui de main en main arriva chez Gryphius. Antoine Augustin, le savant archevêque de Tarragone, dit en avoir vu un nombre infini qu'on tenait partout pour anciennes. Du moins il ne donna pas dans le piège : au contraire, il semble être le premier qui ait dénoncé les fantaisies de J. Pontanus, de Pomponius Lætus, Jean Camerte et Cyriacus Anconitatus, à commencer par le *Testament* et le *Contrat de vente* (1).

(1) *Dialogos de Medallos Inscriciones y otras antiguedades ex bibliotheca Ant. Augustini* (Tarragone, 1587, p. in-4).

Tout en avouant que le *Testament* est bien imité en certaines parties, il en démontre la fausseté à l'aide d'arguments décisifs qui témoignent d'un sens critique excessivement fin.

Après lui, Barnabé Brisson, président au Parlement de Paris, s'est élevé très fortement contre l'authenticité du *Testament* : « Quant au pseudo-testament de L. Cuspidius, en qui beaucoup voient un monument du temps de nos pères, il l'abandonne volontiers à ceux qui s'en laissent conter sans sourciller. Pour lui, c'est un intrus à chasser de la famille des formules anciennes où il s'est faufilé sous couleur d'antiquité (1). » Toutefois Brisson, malgré quelques scrupules, n'a pas laissé

---

(1) Jam quod ad Cuspidii pseudo-testamentum attinet, quod patrum nostrorum memoria conditum esse, multi sciunt, libens id illis concedo, qui sibi fucum fieri æquo animo patiuntur. Ego illud alienœ priscarum formularum familiæ sese inscrere, aut falso

d'admettre le *Contrat de vente* au nombre de ses *Formules* (2).

Enfin au dix-huitième siècle, l'Espagnol Gregorius Majansius (3) renouvelle les arguments d'Augustinus et de Brisson contre ces pièces supposées : il blâme Gautier (4), le jurisconsulte toulousain, d'avoir pris au sérieux les facéties des philologues italiens. On a vu plus haut que leurs fictions mensongères avaient été en crédit jusqu'au milieu du xviiie siècle : peut-être seraient-elles allées plus loin, si la perspicace érudition de La

---

vetustatis diplomate commeare nequaquam ferre possum. » Barnabé Brissonii *De Formulis et solemnibus populi romani verbis libri VIII* (Moguntiæ, 1649, in-4°, liv. VIII, 680).

(2) C'est La Monnoie qui parle, *loco citato*.

(3) *Gregorii Majansii Epistolarum libri VI* (Valence, 1732 in-4°, livre V, p. 285-7).

(4) *Theophilus renovatus* (Toulouse, 1683, in-4°).

Monnoie ne leur avait barré le chemin. En effet, Dreux du Radier, qui revient sur ce sujet dans ses *Récréations historiques*, a fait honnêtement l'aveu de son erreur.

Voilà une question vidée à l'aide d'une petite découverte dont je ne tire pas plus vanité qu'il ne faut. Question et découverte empruntent leur intérêt au grand nom de Rabelais : le reste est loin de nous, j'en conviens. On s'étonnera sans doute de me voir donner des épithètes bien sonnantes à certaines personnalités si oubliées que les *Dictionnaires*, — cette postérité des inconnus — ne les accueillent pas. Rien n'est plus propre à nous inspirer la modestie que le spectacle de cette gloire devenue poussière. De telles études abattent notre orgueil en armant notre philosophie : c'est leur profit et leur charme.

EX RELIQVIIS VENE
RANDAE ANTIQVI
TATIS
LVCII
CVSPIDII
TESTAMEN
TVM.
ITEM,
CONTRACTVS VENDI
TIONIS, ANTIQVIS
ROMANORVM TEM
PORIBVS INI
TVS.

APVD GRYPHIVM
LVGDVNI,
1534

FRANCISCVS RABELAESVS

D. Almarico Buchardo consiliario regio, libellorumq; in Regia magistro. S. P. D.

Habes à nobis munus Almarice clariss. exiguum sanè si molem spectes, quodque manum vix impleat, sed (mea quidem sententia) non indignum quod tum tuis, tum doctiss. cujusque i. tui similium oculis sese sistat. Id est, L. illius Cuspidii testamentum ex incendio, naufragio, ac ruina vetustatis fato quodam meliore servatum, quod hinc discedens ejuscemodi esse censebas, propter quod vadimonium deseri vel ad Cassiani judicis tribunal possit. Neque vero tibi id uni privatim manu describendum putavi (quod tamen ipsum optare potius videbare) sed prima quaque occasione excudendum in exemplaria bis mille dedi. Sic enim cum stipulanti tibi factum fuerit satis, tum studiosis omnibus te auspice provisum, ne diutius nesciant, qua prisci illi Romani, dum disciplinœ meliores florerent, in condendis testamentis formula usi sint. Ὄργανον ἐκεῖνο αὐτοματον καὶ, ὡς ἀληθῶς, δαιδάλεον, nam Platonico verbo libenter utimur, οὗ πέρι σύ μοι ἀπελθὼν ἔφησθα, inveni qui se domi habere diceret, sed nondum videre contigit. Περὶ τῶν κατὰ τον Γρύφιον τυπόγραφον εὐδοκιμωτατον, fac ut memineris. Expecto in dies lepidum novum libellum tuum *de Architectura orbis,* quem oportet ex sanctioribus philosophiæ scriniis depromptum esse. Nihil dum enim a te editum scriptumve est, quod non reconditam quandam et exoticam doctrinam redoleret, prorsusque erutum ex antro illo horrido videretur, in quo dixit Heraclitus veritatem latitare Ἔρρωσο ἄνηρ σπουδαιότατε καὶ ὄνοιο τοῦ ἀξιώματος τοῦδε τοῦ πάνυ. Lugduni pridie nonas septemb. 1532.

EX RELIQVIIS VENERANDAE ANTIQVITATIS

L. CVSPIDII TESTAMENTVM.

DEI OP. MAX. numine invocato, absque cujus nutu neque quicquam rite inchoari, neque recte perfici potest. Hæc est LVCII CVSPIDII dispositio, et ultimæ voluntatis sententia, de eo quod post mortem suam fieri cupit, decernitque, si quid ex hoc morbo, quem nescit, an ferre possit, secus ac medici promittunt, de se contigerit. Testatus autem, dum mente valeret, sibi testamentum conficere placuisse, ut sine suorum injuria ex hac vita proficiscatur, hæc legat. Domesticam omnem suppellectilem Nonio, qui Apolloniæ Rhetoricam docet, vel si quid de eo accidisset, Nonii filiis, P. et Gn. Ceciliis. Porro, quæ mihi debet Q. Aemilius, liberisque ejus relinquo. Agros, villasque quascumque Lisii habeo, domumque consobrinis, et Lucio præcipue, quod nomen is ferat nostrum, mecumque diutissime, atque gratissime sit commoratus, prout decet discipulum, qui filii tenet locum, tutò hæc, et firmiter possidenda censemus. Fundum, quem in Tusculano colui, cui ab Aquilone publica via, ab Austro Templum Jovis Statoris, ab Ortu solis Sex. Pomp. ab occasu Suillus Cincinnatus, Attico avunculo do. Dabit autem Hipparchus Philotimo historico talentum, Callino grammatico drachmas decem. A reliqua debitione liber esto. Nis

Niccæ rationem haberemus, qui nobis aliquandiu fuit perutilis, et nunc suis facultatibus magnam fecit jacturam, ob fratris naufragium, profectò, quæ à nobis mutuatus est illius Procurator, statim cogeretur reddere. Quoniam vero hoc illi difficile fore animadverti, volo, ut singulis annis victum necessarium collactaneæ Dorphylæ suppeditet, quæ consenuit in virginitate apud Semproniam meam, cujus desiderio mortem opto, propter fidem, probitatem, fortitudinem, incredibilesque virtutes Uxoris rarissimæ. Ubi vetula hæc decesserit, absolutus erit debito omni, et cunctis, quas contraxerat, stipulationibus. Si quid humanum Lampridio contigerit, priusquam ejus liberi ad ætatem perveniant, curæ sint Antiocho Rhetori: qui accipiat ex opibus nostris, quœcunque illis erunt necessaria, ut liberaliter educentur, instituanturque. Amo nimis, et valde amo puerorum indolem, quos ad bonam frugem natos autumo. Tu, Antioche, ut dignum est tua erga me, et Lampridium volontate, à pueris mutuo suscepta, fac, ut eos tutare, ne aut ipsorum ingenia perdantur, aut tui labores disperdantur. Hortum, quem emi ab Herennio, et deambulationem, œdesque Nestorianos, quibus à Septentrione vicini sunt Cæsariani fratres, Gracchi à Meridie, ab Occidentali plaga Mare, ab Oriente sole Eridanus est conterminus, amicis lego, literatas literas doctis, Gallo, Fabio, Hirro, civibusque cunctis qui voluerint ibi vacare literis, et eloquentiæ: ea tamen lege, ut neque illum commutent, neque alienent, neque ut proprium, cuiquam sit licitum possidere: Sed velut sacrum, et commune Gymnasium, communiter ab omnibus possidentur. Eas autem, quæ mihi erant in Aegina partes, dividant Gymnasii Procuratores adolescentibus studiosis in usum librorum, et olei, Mercedemque condignam statuant Rhetori, quem delegerent patrueles nostri, et Scholæ principem maximeque utilem futurum existimaverint. Eis vero consentiant et reliqui necessarii vel nominis gratia. Cavebunt autem ipsi, mandabuntque Successoribus ut locum hunc ita servent, tradantque posteris in perpetuum. C. Atteius, et Sex. Capito curam habeant sepulturæ et funeris, monumentumque faciant, ut melius videbitur, et justa quæ post funus fieri solemne est, ita moderentur, ut neque illiberalia, neque superflua sint. Persuasum enim mihi est illos, quid conveniat, honestumque sit, visuros haud segnius quàm nos, nihilque negligentius facturos. De iis autem, qui mihi servierint, sic statuo.

Demetrio redemptionis precium remitto, et quinque Minas do, et Pallium, et Tunicam, ut qui mihi Anagnostes, (Αναγνωστής, lector), fuit. Tauro, qui multum mecum et diu laboravit, pileum do, et Talenta quatuor, ut honeste vitam degere possit. Dionysius, qui vinctus est, et Syrus fugitivus, si perseveraverint esse improbi, ut sunt, eos venundari mando : et precio exacto, aperiri viam ad Hortos Academicos ducentem, et iter proximum, fieri viam, et publicam, ac vinales vias circunquaque mundari. Et ancillam Hermiam, quod vinosa est, relinquo; et famulos Mœsum, quoniam erro est; et Getam, quoniam impostor : Davum quoque, ac Maurum mancipes in perpetuum esse edico, quoniam maledici, et contumaces semper fuerunt, ut in pistrino pœnas promeritas luant.

Hæredem instituere relinquum est, cui fortunas meas honeste relinquam, quibus certò scio inhiare quamplurimos. Vixisses, LAETE fili, fili mi, vixisses (ut decuit) Lœte, non ego nunc sollicitarer, et angerer, non cum mœrore nunc cogitarem, quibus potissimum relinquam patrimonium hoc tantum, tantis curis, cruciatibus tibi uni auctum, tanta vigilantia, studio et parcimonia tibi uni a me servatum. Cœterum, cum sive Fortuna, si qua est, illum mihi inviderit : sive Deus potius, qui et eum dederat, abstulerit, qui domus mea omnis, resque unà mecum intereat, nefas est, Divinæ non acquiescere voluntati. His deductis legatis, cum duos fratris Agathonis filios, totidemque filias habeam, ex utrisque mihi hæredes instituam oportet. In quo tamen (me me tristissimum) etiam atque etiam providendum mihi est, ne quid agam, statuamve quod minus honestum illis, et conveniens, quodque minus æquum, laudabileve aliis factum videatur. Igitur Titius, et Cneus Cuspidii ita mihi hœredes sunto, ut, qui plus Reipub. præstiterit, habeat Domos, Agros, Hortos, Oliveta, et quœcunque Scodræ possedi; qui minus profuerit, quæ superiore anno Colchinii Centum octoginta supra mille jugera comparavimus, consequatur. In reliquis autem bonis meis omnibus, inque familia Faustam, et Felicianam, filias meas, ita mihi hæredes instituo, ut, quœ melius nupserit, ex Dodrañte, Altera ex Quadrante hœres habeantur. Et invicem substituo tam has, quam illos, cum suis filiis, in stirpes, non in capita. Permitto autem filiabus, ut, quem quæque earum voluerit, sibi virum optet, optatique per patriam potestatem compos fiat. Curatores testamenti hujus Silius Necessarius, C. Attilius, M. Capitolinus, qui maxime omnium miro me affectu prosequuti sunt, quique ex omnibus amicis, ac necessariis fidelissimi semper fuerunt. Vos igitur per sacra amicitiæ, atque condiscipulatus, obtestor, per summum omnium Opificem obsecro, curate, memores quantum vestrœ fidei committam, ut omnia mea ex sententia apud vos deposita, bene, honesteque gubernentur. Verum enimvero pie, amiceque et alii facient, qui nobis bene voluerunt, quamvis occupati, et seniores, si hæc impleverint, curaverintque.

Testes in his tabulis sint, Q. Martius, C. Septimius, P. Curio, L. Ancapito, M. Teren., Iulius Pansa, C. Sestius, qui affuerunt, subscripseruntque, ut sua ipsorum litera cognosci possit. Ego idem ille L. Cuspidius testamentum manu mea exaravi, meoque annulo obsignavi, hisque testibus signandum obtuli. Et hanc meam novissimam voluntatem valere volo jure testamenti; quod si forte non censebitur, nomen, et jus habere mando cujuscunque alterius ultimœ voluntatis, quam penitus, et inviolabiliter observari ab omnibus hæredibus, et successoribus meis statuo. Valete superstites, mortalitatis non immemores

ROMÆ KAL. MARTIIS. GN.
POMPILIO, ET.
L. MARTIO
COSS.

EX MEMBRANIS MIRÆ
VETVSTATIS,

CONTRACTVS

VENDITIONIS, AN-
TIQVIS ROMANO-
RVM TEMPORI-
BVS INITVS.

Pascvtivs Culita, Pascutii Culitæ F. Sarnensis Sarcularius cum Pigratia Nigella, quæ viro suo nunc hic adest, et suo, et uxoris nomine, vendit Segnitio Funestillo, Acerrano viatori, qui ipsus emit sibi, liberis, nepotibus, pronepotibusque suis, cum omni posteritate, Domunculam. Sita est Sarnensi in suburbio, secundum flumen. Tribules, ac vicinos bonos habet, Pilutium, Rufillum, Cocleatium Surriponem, itemque Lardatium Fabaronem. Proba est Domuncula tota : proba contignatio : probus paries : tectum ipsum, probè canteriatum, adserulatumque, quernis etiam scandulis Averunconis fabri, proba cisterna, sine ullo saliculi vitio, aut latrinæ servitute, fundamenta bene jacta, volutabrum lutulentum, in quo viciniæ totius sordes desideant. Harula ad solem meridianum exposita, firmiterque quaternata. VNCIOLAE TRES, PRECIVM. Tu, Pascuti accepisse argentum omne perpensum probè, et enumeratum faris. Tibe vero, Segniti, ea Domuncula solemni more est à Pascutio evincunda, ab ipsis etiam fundamentis tota, cum tecto, adscribus, canteriis, claviculis, scalis, foribus, culinæ volutabrique decursibus, ab infimo solo ad usque cœli subsellium, cum ipso etiam cœlo, cumque terræ imis, atque perimis, infernisque. Sistes autem in omni foro, et causa, festis, profestisque, fastis, nefastisque diebus Segnitio, ac Segnitii posteris. Pro quo præstando, prædia, suppellectilemque suam, et cum ea bacem, cofinum, riscum, ac rete triplumbatum obligatum obligat, seque statutum in prætorio ad Iudicem. Tu Pascuti, fuste illum investito. Tu Segniti, fustem ipsum manu capito. Hæcce, uti vera sunt, sciens, volensque suæ spontis, atque ex convento, utque inter viros bonos decet, uterque agitis, meque, ut scribam, rogatis : jureque jurando cuncta hœc confirmatis. Testes adsunt de more adciti, rogatique viri utique probi, Plotius Locusta Fesulanus, Casellio Albanus, Licida Albutius Fregellanus. Hæcce, sicce convenere, hisce verbis, hisce conditionibus acta, et transacta sunt : hisce adsentiente uxore Pigratia, ut par est viros inter bonos bene agier.

  CAL. QVINTILIB. PRÆT.
   BALBO.
  BEBIUS PORCA.

VIRTVTE DVCE

COMITE FORTVNA.

Ἀγαθῇ Τύχῃ.

ÉMILE COLIN — IMPRIMERIE DE LAGNY.

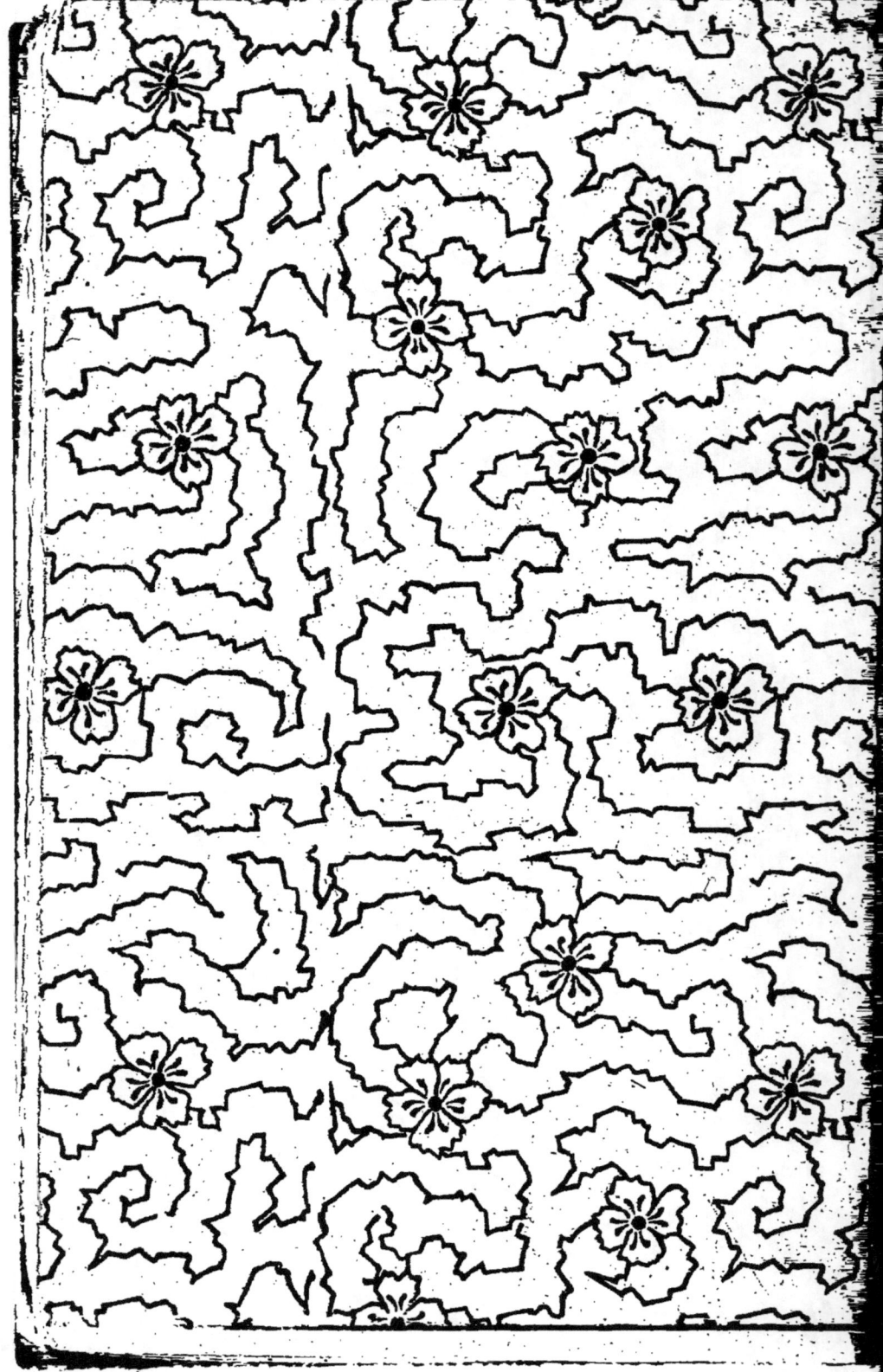